NUESTRO AMOR INCONCLUSO

RICHARD Y MERY

NUESTRO AMOR INCONCLUSO

RICHARD Y MERY

Titulo: Nuestro Amor Inconcluso

Autor: Mery Larrinua
Co-autor indirecto: Richard

Primera edición: Junio, 2020

ISBN # 978-1-716677-825-4

Edición: Mery Larrinua
Lulu.com

RICHARD Y MERY

NUESTRO AMOR INCONCLUSO

RICHARD Y MERY

Autor: Mery Larrinua
Co-autor indirecto: Richard

RICHARD Y MERY

PROLOGO

Este libro es la historia verdadera de un amor que como lo dice el titulo, hasta la fecha de su publicación, es un amor inconcluso.

Un día del mes de Junio de 2020, en una conversación "clandestina" a través de las redes sociales, se unieron palabras de los protagonistas: Mery y Richard. Siendo las palabras que motivaron a escribir NUESTRO AMOR INCONCLUSO, las siguientes:

Richard-"*Y si escribieras un pequeño libro de nuestro amor, así pudiera tenerte a través de el, sabiendo que es solo de los dos.*"

Mery-"si, lo voy a hacer. Sera como una especie de novela incluyendo poemas. Te gustaría el nombre para el libro: AMOR INCONCLUSO."

Richard-"NUESTRO AMOR INCONCLUSO"
Richard-"no sabes cuánto tiempo he estado pensando en ti estos días, Mery. Te extrañe mucho. Y estoy muy contento de estar en

contacto contigo nuevamente. Fue intenso lo nuestro."

Mery-"así lo siento. Así te extraño y así sueño contigo. Es un amor puro sin intenciones más allá de nuestros sueños e ilusiones. Es un amor entre paréntesis. Y así como tú has dicho NUESTRO."

Richard-"Mery, lo que tuvimos y tenemos ahora los dos, no se borrara jamás de nuestras almas.
Y este libro quedara para cuando ya no estemos, se sepa que lo nuestro fue intenso a pesar de las circunstancias"

Para mí, suficiente para comenzar a escribir nuestra historia de amor. Que deseamos compartir.

Nota:

Para un mejor entendimiento, durante el relato intercale un cuento y diálogos que hacen parte de la historia y al final poemas dedicados a ese amor que inspiraron a la realización de este libro.

Mery Larrinua

Dedicamos esta historia únicamente a nuestro amor

CAPITULO I

En la ciudad de Miami, en una taberna colombiana, en un ambiente alegre y festivo, si no estoy mal en mis cálculos, en el año 1995, bueno tal vez 1996, se intercambiaron miradas los dos protagonistas de esta historia de amor, amor que fue creciendo paulatinamente. Mery y Richard.

Se miraron, físicamente hubo una atracción inmediata. En la barra del lugar, comenzaron a dialogar, formando y siendo ambos parte de un grupo que se reunían los sábados a "descargar"

El, chileno, ella, cubana-colombiana. Corazones y almas sinceras, despreocupadas y ligeras. Sábado tras sábado se creó una necesidad mutua entre ellos.

Richard llevaba un tiempo en la ciudad, estado civil separado y con una hermosa hija que compartía tiempo con su ex esposa. Hombre trabajador, buen padre, honesto y noble. Así lo percibía Mery. Y el tiempo así lo demostró.

Mery también separada, con dos hijos compartiendo igualmente el tiempo (los fines de semana).
Vamos a referirnos al último matrimonio de Mery que es que tiene conexión con nuestra historia.

Ya con algún tiempo conociéndose y compartiendo momentos especiales. Una noche parte del grupo, bueno para ser mas especifico, dos parejas del grupo decidieron pasar un rato en la casa de uno de ellos, oír música tomar uno que otro trago, en fin compartir más íntimamente.

De acuerdo a las palabras de Mery, esa noche, tiene la certeza nació el amor hacia Richard. Comenzó con la inspiración de una canción, durante la cual, sus labios se buscaron y se dieron el beso más largo, dulce que ella hubiera vivido. Fue un beso de entrega total, de dos corazones y dos almas. No fue un beso sexual, no, fue un beso sensual y sublime. Un beso que recordaría ella el resto de su vida.

Para su continuidad, el beso inspiro a la entrega física de dos cuerpos atraídos como un imán. Hicieron el amor, literalmente, hicieron el amor, ya el amor había nacido entre ellos.

Se amaron.

CAPITULO II

EL ARCA

Las semanas siguieron, y los encuentros semanales en la Taberna eran "sagrados" para ellos. Era claro para todos los amigos que estaban frente a una pareja que transmitían amor.

Secreto

Después de horas en la Taberna, después de unir sus cuerpos en bailes alegres unos, románticos otros, salían en uno de sus carros, a consolidar sexualmente su inspiración sensual.

Arca de amor

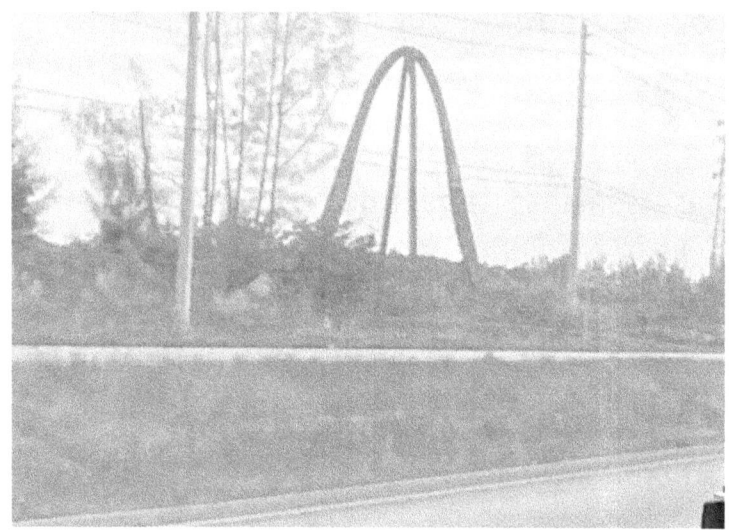

Anécdota: en uno de esos maravillosos encuentros en el Arca de Amor, ya oscureciendo, y sus labios unidos, se prenden las luces de un carro, los alumbra, se bajan dos hombres típicos anglosajones que venían de caza en la zona boscosa, los miran, Richard y Mery asustados les mantienen la mirada. Al darse cuenta que sencillamente estaban en una "transmisión de amor" los señores se retiraron tan tranquilos y silenciosos como llegaron.

CAPITULO III

Richard en su patria, Chile, estuvo involucrado muy de cerca con la pesca. Le contaba a Mery todas sus interesantes aventuras en el mar, y ella lo escuchaba extasiada con sus cuentos y enamorada de sus ojos.

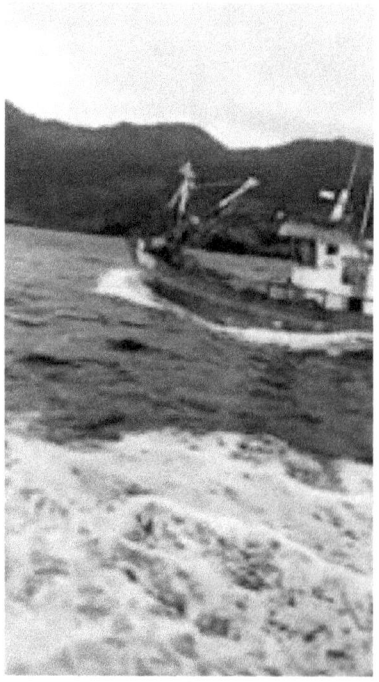

Breve historia de Richard y la pesca.

Cuando llegaron los padres de Richard a Chile de Estados Unidos, se fueron a vivir a San Felipe (su ciudad natal) donde hizo parte de sus estudios. Al tiempo se le presento la oportunidad de ir a la Antártida, al sur de Chile, compuesta por islas, islotes y arrecifes glaciares un lugar donde muy poca gente llegaba, pero para el era maravilloso, con animales salvajes, delfines, orcas, ballenas, lobos de mar etc. En calidad de colono.

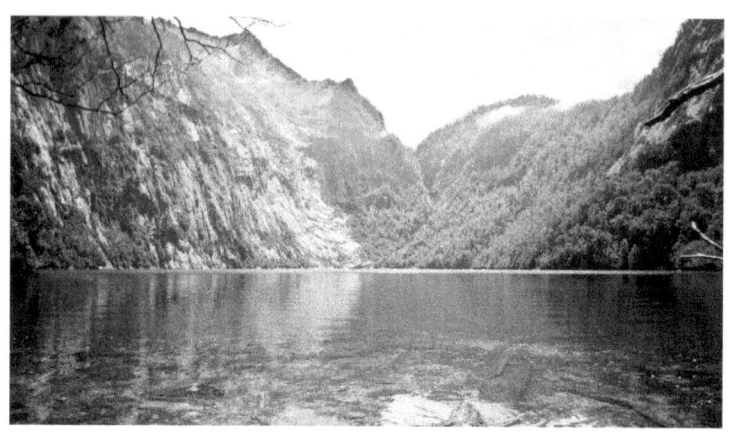

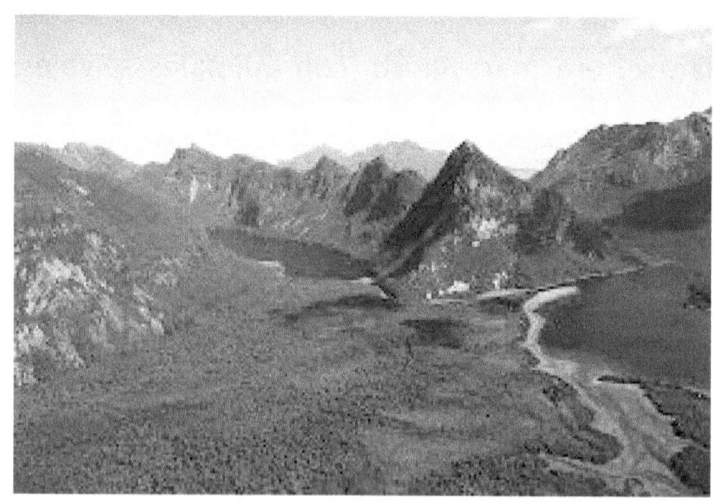

NUESTRO AMOR INCONCLUSO

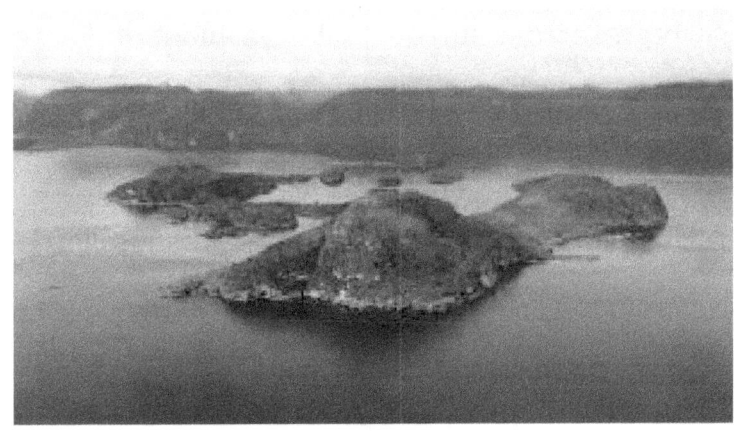

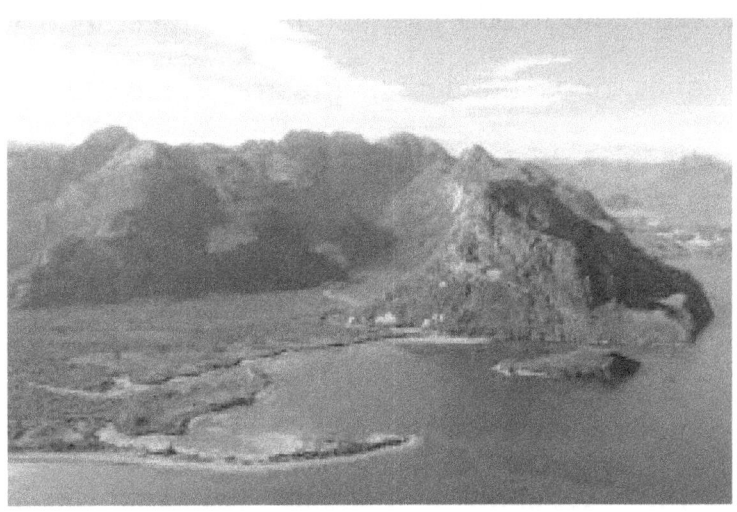

Al regresar del sur de Chile, ya independiente de sus padres, se fue a vivir a Valparaiso, en busca de un nuevo trabajo, su propia vida.

Alli conoció a su primera esposa. Los familiares de ella tenían embarcaciones de pesca artesanal.

Es aquí donde verdaderamente comienza su vida en el mar. Richard se hizo pescador recorriendo todo el país por mar pescando y varias tipos de pesca, arrastre, cerco, redes, espinales etc. Fue una época "bohemia" de su vida. Unas de sus metas era experimentar la peligrosa pesca en Alaska.

Posteriormente el destino lo trajo a Estados Unidos. Y es en Miami cuando conoce a Mery. Estaba viviendo una etapa personal difícil, recién separado de la mama de su hija:

Richard -"nunca olvidare el apoyo que me diste cuando me separe y cundo tenía problemas con mi ex para ver a mi hija"

.

CAPITULO IV

El cuento LA LLAVE, es justamente la continuidad de la historia de "NUESTRO AMOR INCONCLUSO".

LA LLAVE

Debido a esa parte de la vida de Richard, amante de la pesca, este le regalo a Mery una llave maestra para tanque de gasolina de yate, explicándole o sea que servía para abrir cualquier tanque de yates.

Mery recibió feliz LA LLAVE y la utilizo como llavero, y así la llevaría consigo siempre, sin imaginar ciertos eventos "casuales" o "causales" sobre La Llave.

A continuación el cuento La Llave, donde prácticamente revela la siguiente parte de esta historia.

La llave

-Mery, por que no haces un cuento de la llave? (M.M.)
-mmmm no es mala idea

Y he aquí el "cuento", que en realidad no es un cuento, es un relato real de un acontecimiento real.

Hace aproximadamente veinte años, conocí un muchacho de Sur América a quien nombrare "R", nos encontrábamos los sábados en el sitio donde nos conocimos, una taberna colombiana. Nos fuimos involucrarnos el uno al otro casi sin darnos cuenta surgió un sentimiento especial. Me enamore.
En uno de esos días que salíamos, me regalo una Llave maestra de tanque de

gasolina de yates, la volví un llavero y siempre la llevaba conmigo, era una manera de tenerlo, sobre todo después de lo que ahora les relatare.

Mi último ex esposo, solía ir al mismo lugar de baile, la taberna que les nombre, nos veía. Y me atrevo a decir que el percibió ese sentimiento especial que estaba naciendo entre "R" y yo. Me pidió conversar, y me pidió que por los años que estuvimos casados, intentáramos reconciliarnos, lo pensé mucho, hasta el punto que por respeto a esa relación que había llegado a ser muy linda, merecía la pena intentarlo.

Recuerdo el momento que hable con "R", cuando le conté mi decisión, el me entendió, lloramos por nuestra separación.

"R" desapareció de mi vida e increíblemente desapareció igualmente la

llave que me había regalado y la que hacía sentirme cerca de él.

El intento con mi ex no resulto. Hay heridas que no cierran con recuerdos, el sentimiento se había esfumado de mi corazón, mi corazón ya pertenecía a otro.

Los años pasaron, no sin buscar a aquel amor perdido a través de las redes sociales.

Un buen día sin explicación alguna, aparece la Llave en una vieja cartera, aquella que me acercaba a él, sentí una profunda alegría.

Una semana más tarde, y como algo insólito, encuentro a "R" en Facebook, le escribí. Estuvimos varios meses comunicándonos por teléfono y en texto, el estaba fuera de Estados Unidos. Hasta un día. Si, hasta el día que volví a perder las llaves y aunque se las razones, no pudimos comunicarnos más.

Hoy, no lo tengo, como tampoco tengo la llave.

La llave que abre mi corazón para él.

Pienso: - será que nunca más aparecerá...
LA LLAVE ...
Mery Larrinua

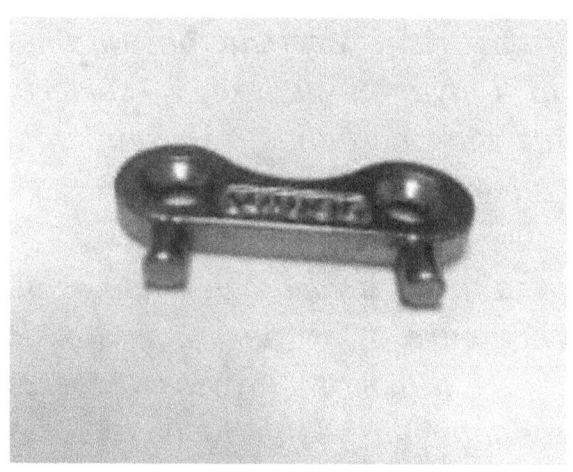

CAPITULO V

Detonante de esta novela de amor

A pesar del largo silencio, a pesar de los pensamientos incomunicados, a pesar de la brisa vacía y triste, Mery, cuyo hobby es la poesía, siguió escribiendo y dedicando inspiraciones a ese recuerdo.

Cierto día del mes de junio de 2020, Mery publica el siguiente poema en las redes sociales:

Aquí estoy

Quiero hoy abrazarte
ofrecerte mi cuerpo
¿mi alma? Mi alma la tienes
déjame entregarte mi ser infinito.

Ver tus ojos a veces tristes,
melancólicos y humanos
apretar tus manos en un sentir de apoyo
alegrar tu espacio, fundirme en lo eterno.
Déjame amarte en los segundos ausentes
En la distancia que desaparece en la nada
amarte en las estrellas, en los planetas
y unidos desaparecer, en aquel agujero
negro.

Mery Larrinua

Aun sin aparecer La Llave, una mañana, Mery recibió un mensaje por su celular de Richard.

Richard-"sabes, me está pasando algo, y quiero saber que tu opinas. Con el tiempo que nos conocemos, con lo que pudimos, lo que quisimos y no se pudo dar, cada vez que leo tus poemas de amor, siento que son para mí. Necesito me digas. Tengo la necesidad de darte las gracias por acercarme a estos sentimientos"

Mery-*"Richard, te tengo en mi mente, en mi corazón, te tengo como el recuerdo de un sentimiento que fue verdadero y que ahí está. Esta en forma irreal, en sueños e inspiraciones. Me hace feliz sonar. Me hizo feliz tu mensaje, tus palabras, tu pregunta. Llena mi alma. Sé que es algo platónica, pero es. Y si, son para ti mis poemas y eres mi amor inconcluso."*

Richard-"Mery, que linda. Y lo Real es que para mí también fue mi amor inconcluso. Gracias por tus palaras. La pregunta es ¿nos veremos algún día?

PENSAMIENTOS-DE UNA

IRREAL ILUSION

Pienso en el II tomo de NUESTRO AMOR INCLONCLUSO.

Dicen que el destino está escrito.

Quien hubiera advertido a Mery y Richard que el final no se había escrito en ese primer libro, quien les hubiera dicho que un amor tan puro, sincero y grande tendría la continuidad mas allá de recuerdos?

En la siguiente vida de ambos, ambos estarían juntos, para concluir eternamente ese SU AMOR INCONCLUSO.

CAPITULO VI

POEMAS INSPIRADOS POR EL AMOR

PROTAGONICO DE NUESTRA HISTORIA

Reloj

Mi corazón no entiende de tiempo
encontrarte es mi misión
en la tierra estoy para amarte
con el alma y sin razón

el reloj se ha parado
la distancia se unió
a los minutos y horas
y asi desapareció

no los deseos de amarte
no mis miedos a no estar
cuando tu mirada busque la mía
cuando me abraces con pasión

ahí estaré esperando
si yo no he de encontrar
la luz de tu aura
tu la mía sabrás hallar

Mery Larrinua

...dejame ser

Quisiera ser la lágrima
que recorre tu tez
en el camino tus pasos .
el sudor que empapa tu piel.

Quisiera ser neblina
atravesar tu cuerpo
mojar silenciosa
cada rincón de tu ser.

Quisiera amarte callada
en mi mente dulce melodía
y condensar la escarcha sensual
ser tu amante de noche y de día.

Quisiera ser una barca
Navegar sin censura
descubrir tus tierras
Y el océano de tus locuras.
...déjame ser

Mery Larrinua

Descubrí

Descubrí en la luna, tus ojos
fieles a recuerdos fugaces
y aunque rápido el amanecer
el calor lo sentí en mis brazos.

la noche clara iluminó mis pasos
abriendo brechas en mi difícil andar
aliviando el quehacer angustioso
dejando su luz y mis pisadas crear.

Avancé, avancé despacio
marcando brevemente la via al pasar
dibujando ensueños y esperanzas
y un mundo nuevo volver a empezar.

Regresó mi fe y esperanza
la alegría de siempre estar
esperando tu sonrisa
y la ilusión, volver a engendrar.
Descubrí en la luna, tus ojos.

Mery Larrinua

Corazón enamorado

Corazón enamorado
que miras al cielo buscando una flor,
mira mis ojos, encuentra en ellos,
tengo un ramillete y un beso de amor.

Corazón enamorado
que brindas al aire una dulce canción,
ven toca mis cuerdas,
tengo música y una melodía de amor.

Corazón enamorado
que con tus manos brindas pasión,
ven y siénteme en un abrazo, ven
que tengo una historia de amor.

Mery Larrinua

Lluvia de corazones

Las letras que componen tu nombre
dan motivo a mis suspiros
solo leerte mi corazón late
y quiere volver, volver a amarte

es dura la distancia
el reloj disimula la espera
que se unan los polos
y en la mitad, volver a encontrarte

se que extraño pensar así
se que el infinito no será finito
pero no será imposible,
que la línea del Ecuador, algún día te
acerque

esa es mi ilusión
y para mí no es extraño
porque sin fronteras es el amor
porque mi amor no es engaño

RICHARD Y MERY

con tu llave, o sin mi llave
mi corazón está abierto
para los cantos de notas de estrellas
para las palabras que se deshacen con el
viento

El Universo sabe de mis amores
en el silencio oculto de mis memorias
y el mismo podrá enviarte
las letras que componen mi nombre

Y así sentiré tus suspiros
y como mi corazón, tu corazón latirá
enviando sus ondas al cielo
y las nubes con la lluvia tu amor me
traerá

Mery Larrinua

NUESTRO AMOR INCONCLUSO

Llévame

Llévame a tu interior profundo
déjame atravesar tu verdad
del cielo tomar una estrella
tu sonrisa y tu dulce mirar.
Llévame al infinito
donde no existe el tiempo
y nuestros cuerpos se fundan
sin espacios ni recuerdos
solo el amor como única realidad

Mery Larrinua

Allá...

Allá...en el horizonte...
donde las caricias se vuelven espuma
y los besos se ahogan en el mar
donde tus ojos claman caricias
allá...allá mi mundo...podré engendrar

En la línea imaginaria...
donde los sueños nadan sin cesar
y las olas bailan en tu silencio
allá, allá...me hundiré en el mar

Saboreare el salado de la ausencia
Y a la brisa de tu playa instar
burbujas sonantes y asonantes
y con ellas volveré a amar

Mery Larrinua

NUESTRO AMOR INCONCLUSO

Siempre

Esperare hasta que llueva
cuando mis lagrimas inunden el cielo,
y cansadas caigan al mar.
Esperare tu mirada
aunque tus ojos no puedan descifrar,
mi cuerpo marchito rindiéndose en tu pesar.

Esperare en silencio
ese que aguarda mis palabras
trilladas de amor y débiles en su andar,
porque nunca será tarde
aunque el tiempo se esfume en el deseo
es el encuentro de almas amantes
es el encuentro en un más allá.

Esperare con mi corazón abierto
con cicatrices cargadas de amor
sin dolores y congojas
solo el deseo de estar,
dentro de tu alma y fundirme en ella
aferrarme a tu ser,
formando un campo de flores
libres, libres en nuestro nuevo amanecer.
Te esperare...siempre...te esperare
Mery Larrinua

NOTA INTERESANTE ANALIZADA AL MOMENTO DE LA ELABORACION DE **NUESTRO AMOR INCONCLUSO**

Es imposible terminar este libro sin antes referirme a una parte muy importante que estamos viviendo en el mundo. Y me refiero a la pandemia COVID19, que hasta el cierre del mismo las cifras en mundo de contagiados son _____ y las muertes _____

Países han creado confinamiento dentro de la sociedad o sea no salir de sus casos sin necesidad imperiosa, usar "tapabocas" (mascarillas), mantener una distancia de 6 pies entre cada persona. Los negocios han sido cerrados excluyendo a los que han denominado esenciales, como son las gasolineras, farmacias, supermercados, negocios de procesamiento de alimentos, y otros.

Tal vez esto haya facilitado las circunstancias para el encuentro virtual de Richard y Mery. El ambiente se prestaba.

Cuando el ser humano pone de manifiesto emociones y sensibilidades, se profundiza inconscientemente en nuestro interior, haciendo exteriorizar los recuerdos de amor de nuestros protagonistas.

"Hemos sabido amar a través del tiempo y la distancia".

NUESTRO AMOR INCONCLUSO
Richard y Mery
Junio, 2020

ACROSTICOS

R ercuerdos de un ayer
I lusiones de un mañana
C orazones esperanzados
H aciendo real lo idealizado
A mores verdaderos
R umores de sueños
D ias hermosos de un pasado

Y si suspiras...

M iraras el cielo
E ncontrando mis ojos
R eirás feliz sin enojos
Y elevaras un canto a lo lejos

NUESTRO AMOR INCONCLUSO

N uestro Amor Inconcluso
U na historia de amor
E s nuestra historia
S iempre nuestra
T iempos compartidos
R ecuerdos sublimes
O lvidados nunca

A mor puro y sincero
M otivo de nuestra inspiración
O sados en nuestro tiempo
R iesgoso a nuestra visión

I lusiones creaste
N adie podría imaginar
C iertos pasajes vividos
O jos ocultos sin mirar
N uestra pasion infinita
C landestina a nuestros corazones
L ugares secretos
U niendonos como nunca y
S iempre amándonos
O h! Amor de nuestros amores!

INDICE

Prologo   11

Capítulo I   15

Capítulo II   El Arca   19

Capítulo III   Richard y la pesca   22

Capítulo IV   La Llave   28

Capitulo V   Detonante   33

Capítulo VI   Poemas   38

Reloj   39

...déjame ser   40

Descubrí   41

Corazón enamorado   42

Lluvia de corazones   43

Llévame   45

Allá...   46

Siempre   47

Acróstico 50

Acróstico 51

Versión en ingles 57
(traducción en Google)

(SIN)

FIN

• • •

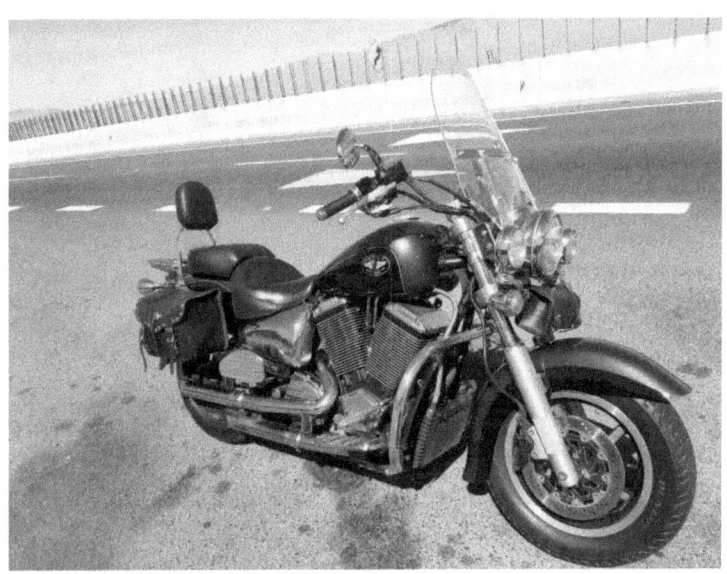

El sentimiento de conducir una motocicleta te da placer en el alma...aprendes a valorar los detalles de la vida en la ruta...los dos en la ruta...no hay mas que pedir...

Richard

Nota: algunas fotos fueron adquiridas a través de la Internet, ninguna de ellas tenia visible el distintivo de "copy of right"

Mery Larrinua

VERSION EN INGLES

Traducción en Google

Title: Our Unfinished Love

Author: Mery Larrinua
Indirect co-author: Richard

First edition: June, 2020

ISBN #

Edition: Mery Larrinua
          Lulu.com

OUR UNCLOSED LOVE

RICHARD Y MERY

Author: Mery Larrinua
Indirect co-author: Richard

FOREWORD

This book is the true story of a love that, as the title says, until the date of its publication, is an unfinished love.

One day in the month of June 2020, in a "clandestine" conversation through social networks, the words of the protagonists were joined: Mery and Richard. Being the words that motivated us to write OUR INCONCLUDED LOVE, the following:

Richard- "And if you wrote a little book of our love, so I could have you through it, knowing that it is just the two of us."

Mery -"yes I'll do. It will be like a kind of novel including poems. Would you like the name for the book: AMOR INCONCLUSO. "

RICHARD Y MERY

- "OUR INCONCLUDED LOVE"

Richard- "You don't know how long I've been thinking about you these days, Mery. I missed you a lot. And I am very happy to be in contact with you again. Ours was intense. "

Mery- "I feel so. So I miss you and so I dream of you. It is a pure love without intentions beyond our dreams and illusions. It is a love in parentheses. And just like you said OUR."

Richard- "Mery, what we both had and now have, will never be erased from our souls.
And this book will be for when we are no longer, it is known that ours was intense despite the circumstances "

Enough for me to start writing our love story. What we want to share.

Note:

For a better understanding, during the story interspersed a story and dialogues that are part of the story and at the end poems dedicated to that love that inspired the making of this book.

Mery Larrinua

We dedicate this story
solely to our love

CHAPTER I

In the city of Miami, in a Colombian
tavern, in a happy and festive
atmosphere, if I'm not wrong in my
calculations, in 1995, well maybe
1996, the two protagonists of this
love story, love that it was growing
gradually. Mery and Richard.

They looked at each other, physically
there was an immediate attraction. In
the bar of the place, they began to
dialogue, forming and being both part
of a group that met on Saturdays to
"download"

He, Chilean, she, Cuban-Colombian.
Hearts and souls sincere, carefree and
light. Saturday after Saturday a
mutual need was created between them.

Richard had been in the city for a
time, separated marital status and
with a beautiful daughter who shared
time with his ex-wife. Hard-working
man, good father, honest and noble.
That's how Mery perceived it. And time
proved it.

RICHARD Y MERY

Mery also separated, with two children sharing the time equally (on weekends).

We are going to refer to Mery's last marriage, which is that it has a connection with our history.

Already with some time getting to know each other and sharing special moments. One night part of the group, good to be more specific, two couples in the group decided to spend some time in the house of one of them, listen to music and have a drink, in order to share more intimately.

According to Mery's words, that night, she is certain that love for Richard was born. It began with the inspiration of a song, during which, their lips sought each other and gave each other the longest, sweetest kiss she had ever experienced. It was a kiss of total surrender, of two hearts and two souls. It was not a sexual kiss, no, it was a sensual and sublime kiss. A kiss that she would remember the rest of her life.

For its continuity, the kiss inspired the physical delivery of two bodies attracted like a magnet. They made love, literally made love, since love had been born between them.

They loved each other.

CHAPTER II

THE ARK

The weeks followed, and the weekly
meetings in the Tavern were "sacred"
to
they. It was clear to all the friends
who were in front of a couple that
they were transmitting
love.

Secret
After hours in the Tavern, after
joining their bodies in happy dances
some, romantic others, they went out
in one of their cars, to
sexually consolidate your sensual
inspiration.

Ark of love

Anecdote: in one of those wonderful
encounters in the Ark of Love, already
darkening, and their lips joined, the
lights of a car are turned on, he
lights them up, two typical Anglo-
Saxon men who came hunting in the

wooded area get off, they watch them
Scared Richard and Mery stare at them.
Realizing that they were simply in a
"transmission of love" the gentlemen
retired as calm and quiet as they
arrived.

CHAPTER III

Richard in his homeland, Chile, was closely involved with fishing. He would tell Mery all his interesting adventures at sea, and she would listen to him ecstatic with her stories and in love with his eyes.

Brief history of Richard and fishing.

When Richard's parents came to Chile from the United States, they went to live in San Felipe (his hometown) where he was part of his studies. At the same time, he had the opportunity to go to Antarctica, in southern Chile, made up of islands, islets and glacial reefs, a place where very few people came, but for him it was wonderful, with wild animals, dolphins, killer whales, whales, sea lions etc. As a settler.

Upon returning from the south of Chile, now independent of his parents,

he went to live in Valparaiso, in
search of a new job, his own life.
There he met his first wife. Her
relatives had artisanal fishing boats.
This is where his life at sea truly
begins. Richard became a fisherman
traveling all over the country by sea
fishing and various types of fishing,
trawling, purse seine, nets, spinals,
etc. It was a "bohemian" time in his
life. One of his goals was to
experience dangerous fishing in
Alaska.
Later fate brought him to the United
States. And it is in Miami when he
meets Mery.
She was living a difficult personal
stage, recently separated from her
daughter's mother: - "I will never
forget the support you gave me when I
separated and when I had problems with
my ex to see my daughter" Richard

CHAPTER IV

The story THE KEY, is precisely the
continuity of the story of "OUR LOVE
INCONCLUSIVE ".
THE KEY

Due to that part of Richard's life, a
lover of fishing, he gave Mery a
master key for a yacht gas tank,
explaining to him that it was used to
open any yacht tank.

Mery happily received THE KEY and I
use it as a keychain, and so I would
carry it with me at all times, without
imagining certain "casual" or "causal"
events about The Key.

Then the story La Llave, where he
practically reveals the next part of
this story.
The key

-Mery, why don't you do a story about
the key? (M.M.)
-mmmm not a bad idea

And here is the "story", which is not
really a story, it is a real story of

a real event.

About twenty years ago, I met a boy from South America whom I named "R". We met on Saturdays at the place where we met, a Colombian tavern. We went about involving each other almost without realizing a special feeling arose. I fell in love.

On one of those days we were going out, he gave me a Master Tank Key from gasoline from yachts, I turned it into a key ring and always carried it with me, it was a way of having it, especially after what I will now tell you.

My last ex-husband used to go to the same dance place, the tavern that names them, he would see us. And I dare say that he perceived that special feeling that was being born between "R" and me. He asked me to talk, and he asked me that for the years we were married, we tried to reconcile, I thought about it a lot, to the point that out of respect for that relationship that had become very beautiful, it was worth trying.

NUESTRO AMOR INCONCLUSO

I remember the moment I spoke to "R",
when I told him my decision, he
understood me, we cried for our
separation.

"R" disappeared from my life and
incredibly the key that he had given
me and the one that made me feel close
to him also disappeared.

The attempt with my ex did not work.
There are wounds that do not close
with memories, the feeling had
disappeared from my heart, my heart
already belonged to another.

The years passed, not without looking
for that lost love through social
networks.

One good day without explanation, the
Key appears in an old wallet, the one
that approached me, I felt a deep joy.

A week later, and as something
unusual, I find "R" on Facebook, I
wrote. We spent several months
communicating by phone and in text, he
was outside the United States. Up to
one day. Yes, until the day that

RICHARD Y MERY

I lost the keys again and although I
know the reasons, we could not
communicate more.

Today, I don't have it, nor do I have
the key.

The key that opens my heart to him.

I think: - it will never appear again
... THE KEY ...
Mery Larrinua

CHAPTER V

Triggering this
love novel

Despite the long silence, despite isolated thoughts, despite the empty and sad breeze, Mery, whose hobby is poetry, continued writing and dedicating inspiration to that memory.

One day in the month of June 2020, Mery publishes the following poem on social networks:

I'm here

I want to hug you today
offer you my body
my soul? You have my soul
let me give you my infinite being.

See your eyes sometimes sad,
melancholic and human

RICHARD Y MERY

squeeze your hands in a feeling of
support
brighten up your space, merge into the
eternal.
Let me love you in the absent seconds
In the distance that disappears into
nothing
love you on the stars, on the planets
and together disappear, in that black
hole.

Mery Larrinua

Even without The Key appearing, one
morning, Mery received a message on
her cell phone from Richard.

Richard- "You know, something is
happening to me, and I want to know
what you think. With the time that we
know each other, with what we could,
what we wanted and could not give,
every time I read your love poems, I
feel that they are for me.
I need to tell me. I have the need to
thank you for approaching these
feelings "

NUESTRO AMOR INCONCLUSO

Mery- "Richard, I have you in my mind, in my heart, I have you as the memory of a feeling that was true and that is there. It is unreal, in dreams and inspirations. It makes me happy to sound. I was happy with your message, your words, your question. Fill my soul. I know it is somewhat platonic, but it is. And yes, my poems are for you and you are my unfinished love. "

Richard- "Mery, how cute. And the Real thing is that for me it was also my unfinished love. Thanks for your words. The question is, will we see each other someday?

THOUGHTS-OF A
IRREAL ILLUSION

I think of the second volume of OUR
LOVE EVEN INCLUDED.
They say that fate is written.
Who would have warned Mery and Richard
that the end had not been written in
that first book, who would have told
them that such a pure, sincere and
great love would have continuity
beyond memories?
In the next life of both of them, they
would both be together, to eternally
conclude their INCONCLUDED LOVE.

CHAPTER VI

POEMS INSPIRED BY LOVE
PROTAGONIC OF OUR HISTORY

Clock

My heart doesn't understand time
Finding you is my mission
I'm on earth to love you
with the soul and without reason

the clock has stopped
the distance joined
to the minutes and hours
and so it disappeared

not the desire to love you
not my fears not to be
When your gaze seeks mine
when you hug me passionately

I'll be waiting there
if I do not have to find
the light of your aura
you will know how to find mine

Mery Larrinua

NUESTRO AMOR INCONCLUSO

...let me be

I would like to be the tear
that runs through your complexion
on the way your steps.
the sweat that soaks your skin.

I wish I was haze
pierce your body
silent dipping
every corner of your being.

I would like to love you quietly
in my mind sweet melody
and condense the sensual frost
be your lover by night and by day.

I would like to be a boat
Browse uncensored
discover your lands
And the ocean of your follies.
...let me be

Mery Larrinua

I discovered

I discovered on the moon your eyes
true to fleeting memories
and although dawn is fast
I felt the heat in my arms.

the clear night illuminated my steps
opening gaps in my difficult walk
relieving the distressing chore
letting its light and my footsteps
create.

I advanced, I advanced slowly
briefly marking the way as you pass
drawing dreams and hopes
and a new world start over.

My faith and hope returned
the joy of always being
waiting for your smile
and the illusion, to beget again.
I discovered your eyes on the moon.

Mery Larrinua

A heart in love

A heart in love
that you look at the sky looking for a
flower,
look at my eyes, find in them,
I have a corsage and a kiss of love.

A heart in love
that you bring a sweet song to the
air,
Come play my strings
I have music and a melody of love.

A heart in love
that with your hands you bring
passion,
come and sit me in a hug come
that I have a love story.

Mery Larrinua

Rain of hearts

The letters that make up your name
give reason to my sighs
just read to you my heart beats
and he wants to come back, love you
again

the distance is hard
the clock conceals the wait
to join the poles
and in the middle, find you again

I know how strange to think like that
I know that infinity will not be
finite
but it won't be impossible,
that the line of Ecuador, one day will
bring you closer

that's my illusion
and for me it is not strange
because without borders is love
because my love is not deception

with your key, or without my key
my heart is open
for the star note chants

NUESTRO AMOR INCONCLUSO

For the words that melt in the wind

The Universe knows about my loves
in the hidden silence of my memories
and he can send you
the letters that make up my name

And so I will feel your sighs
and like my heart your heart will beat
sending its waves to heaven
and the clouds with the rain your love
will bring me

Mery Larrinua

Ride me

Take me deep inside
let me pierce your truth
from heaven take a star
your smile and your sweet look.
Take me to infinity
where time does not exist
and our bodies melt
no spaces or memories
only love as the only reality

Mery Larrinua

NUESTRO AMOR INCONCLUSO

There...

There ... on the horizon ...
where caresses become foam
and kisses drown in the sea
where your eyes cry caresses
over there ... over there my world ...
I will be able to generate

In the imaginary line ...
where dreams swim endlessly
and the waves dance in your silence
there, there ... I will sink into the
sea

I will taste the saltiness of absence
And to the breeze of your beach urge
ringing and sounding bubbles
and with them I will love again

Mery Larrinua

Always

I'll wait until it rains
When my tears flood the sky
and tired fall into the sea.
I'll wait for your look
Although your eyes cannot decipher,
my withered body giving up on your
regret.

I'll wait in silence
the one that awaits my words
trodden with love and weak in their
walk,
because it will never be late
Although time melts away in desire
is the meeting of loving souls
it is the meeting in an afterlife.

I will wait with my open heart
with scars charged with love
no pain and grief
just the desire to be,
inside your soul and melt into it
hold on to your being,
forming a field of flowers
free, free in our new dawn.
I'll wait ... always ... I'll wait for
you
Mery Larrinua

INTERESTING NOTE ANALYZED AT THE TIME OF ELABORATION OF OUR UNCLOSED LOVE

It is impossible to finish this book without first referring to a very important part that we are living in the world. And I am referring to the COVID19 pandemic, which until the close of the same figures in the world of infected people are _____ and deaths _____

Countries have created confinement within society, that is, not to leave their cases without urgent need, to wear "masks", to maintain a distance of 6 feet between each person. Businesses have been closed excluding those they have called essentials, such as gas stations, pharmacies, supermarkets, food processing businesses, and others.

Perhaps this has facilitated the circumstances for Richard and Mery's virtual meeting. The atmosphere lent itself.

When the human being reveals emotions and sensibilities, he unconsciously

delves into our interior, making the
memories of love of our protagonists
externalize.

"We have known how to love through
time and distance."

OUR UNCLOSED LOVE
Richard and Mery
            June 2020

NUESTRO AMOR INCONCLUSO

ACROSTICS (in Spanish)

Reminders of a yesterday
I dreams of tomorrow
Hopeful hearts
Making the ideal real
True loves
Rumors of dreams
Beautiful days of a past

And if you sigh ...

You will go to heaven
Finding my eyes
You will be happy without anger
And you will raise a song in the
distance

RICHARD Y MERY

O ur Unfinished Love
A love story
I t our history
Always our
Shared time
Sublime memories
Never forgotten

A pure and sincere mor
M otive of our inspiration
O sados in our time
Risky to our vision

I created dreams
No one could imagine
Certain passages lived
Or hidden without looking
Our infinite passion
Destiny to our hearts
Secret places
U denying us like never before and
Always loving us
O h! Love of our loves!

(Without)

THE END

RICHARD Y MERY

NUESTRO AMOR INCONCLUSO